ORDONNANCE DU ROI,

Concernant les Maréchaussées.

Du 27 Décembre 1769.

DE PAR LE ROI.

SA MAJESTÉ ayant par son ordonnance du 25 février 1768, ordonné une augmentation de deux cents brigades dans les Maréchaussées : Et voulant qu'elles soient incessamment établies ; jugeant aussi à propos de faire connoître ses intentions à ce sujet, & de rappeler dans une seule & même Ordonnance les différentes dispositions de celle du 25 février 1768, Elle a ordonné & ordonne ce qui suit :

ARTICLE PREMIER.

LES Maréchaussées, conformément à l'Édit du mois de mars 1720, continueront d'être du corps de la Gendarmerie,

A

fous le commandement des fieurs Maréchaux de France, & jouiront des priviléges & exemptions qui leur ont été accordés par le même édit, & autres édits, déclarations, arrêts & règlemens.

2.

Leur compofition, fervices exigés pour y être admis.

POUR fixer aux Maréchauffées, une compofition convenable à leur établiffement, & procurer en même temps des retraites & des récompenfes aux Officiers, bas Officiers, Cavaliers, Dragons & Soldats, il ne fera admis perfonne dans ce corps, qu'il n'ait auparavant fervi dans les Troupes;

SAVOIR:

Les Prevôts généraux, au moins douze ans, dont quatre en qualité de Capitaine.

Les Lieutenans, huit ans, dont fix en qualité de Lieutenant.

Les Exempts, douze ans, dont fix en qualité de Quartier-maître, Porte-étendard, Porte-drapeau, ou huit en celle de Brigadier de Maréchauffée.

Les Brigadiers & Sous-brigadiers, douze ans, dont fix en qualité de Fourrier, Maréchal-des-logis ou Sergent, ou huit ans comme Cavalier de Maréchauffée.

Les places de Cavaliers ne feront données qu'à dés fujets de la taille de cinq pieds quatre pouces au moins, qui fauront lire & écrire, & qui auront fervi huit ans; ceux qui auront rempli deux engagemens feront préférés.

3.

Les Maréchaux de France préfenteront les fujets pour les charges de Prevôts généraux & de Lieutenans.

IL ne fera propofé par les fieurs Maréchaux de France, pour les charges de Prevôts généraux & de Lieutenans, aucun fujet qu'il n'ait auparavant fervi pendant le temps & dans les grades prefcrits par l'article précédent; & afin que Sa Majefté foit en état de choifir les plus capables d'en être pourvus, Elle entend que tous ceux qui en feront fufceptibles, lui foient préfentés par lefdits fieurs Maréchaux de France, fans qu'ils foient tenus de fe borner au nombre de trois fujets, qui étoit fixé par l'ordonnance du 19 avril 1760, à laquelle Sa Majefté déroge en tant que de befoin.

4.

LES provifions de Prevôts généraux & de Lieutenans, *Previfions.*
feront expédiées par le Secrétaire d'État ayant le département de la guerre, conformément à la Déclaration du
25 février 1768; & les nouveaux pourvus continueront
de fe préfenter aux fieurs Maréchaux de France, pour
prendre leur attache, & fe faire recevoir enfuite au fiége
de la Connétablie, en la manière accoutumée.

5.

LES commiffions des Exempts, Brigadiers, Sous- *Commiffions;*
brigadiers & Cavaliers, feront pareillement expédiées par *Préfentations*
le Secrétaire d'État ayant le département de la guerre, *aux places.*
d'après les préfentations des Prevôts généraux, ou les
certificats de fervice & atteftations de bonne conduite, qui
auront été délivrés par les Infpecteurs & Commandans
des corps, en faveur des fujets qui fe feront comportés
de façon à mériter des places dans la Maréchauffée, & qui
auront les qualités & les fervices requis par l'article 2;
& à cet effet il en fera adreffé des états par lefdits Infpecteurs, au Secrétaire d'État ayant le département de
la guerre.

6.

LES Prevôts généraux auront rang de Lieutenans- *Rangs;*
colonels de Cavalerie; les Lieutenans, de Capitaines; & *Retraites*
les Exempts, de Lieutenans; les Brigadiers & Sous-bri- *aux Invalides.*
gadiers, de Maréchaux-des-logis de la claffe intermédiaire;
& les Cavaliers, de bas Officiers: & lorfqu'ils auront vingt
années de fervice, dont dix dans ces grades, & feront
hors d'état de les continuer, ils obtiendront les retraites
à l'Hôtel royal des Invalides, affectées auxdits grades.

7.

LES Prevôts généraux feront tous les ans la revue des *Revue*
brigades de leurs compagnies, à l'effet de voir les Lieu- *d'infpection*
tenans, Exempts, Brigadiers, Sous-brigadiers & Cavaliers; *des Prevôts*
de s'informer fi le fervice fe fait exactement, & d'exa- *généraux.*
miner fi les chevaux, armes & équipages font en bon

A ij

4

état; de laquelle revue ils enverront un double certifié par eux, aux sieurs Maréchaux de France, & un autre au Secrétaire d'État ayant le département de la guerre.

8.

LES Lieutenans feront tous les trois mois la visite des brigades qui composent leur département, en se transportant dans chacune des résidences; ils y passeront en revue les Exempts, Brigadiers, Sous-brigadiers & Cavaliers; feront l'inspection des chevaux, armes & équipages, & dresseront des états de leurs observations, dont ils adresseront un double au Secrétaire d'État ayant le département de la guerre, & un autre au Prevôt général.

9.

LES Exempts, Brigadiers & Sous-brigadiers feront au moins une fois par semaine, l'inspection des Cavaliers & chevaux de leur brigade, ainsi que de l'habillement, armement & équipement; ils en rendront compte à leurs Lieutenans, lesquels feront tenus d'en informer les Prevôts généraux.

10.

ORDONNE Sa Majesté que les revues de subsistance des compagnies de Maréchaussée, soient faites, à commencer du 1.er Janvier 1770, par les Commissaires des guerres employés dans les provinces, sous les ordres des Intendans & Commissaires départis, conformément à ceux qui leur feront adressés par le Secrétaire d'État ayant le département de la guerre.

11.

EN conséquence de ces ordres, les Commissaires des guerres se transporteront tous les quatre mois dans les endroits désignés à cet effet dans chaque département, pour faire la revue des brigades qui y feront assemblées par les ordres du Prevôt général, lequel informera le Commandant de la province, de l'avis qui lui sera donné par le Commissaire des guerres, du jour où il devra se rendre dans chacun des lieux d'assemblée.

I 2.

LES Commissaires des guerres emploieront dans leurs états de revue, tous les Officiers & Cavaliers, & feront mention de ceux qui seront présens, de même que des absens, & pour quelle cause; ils marqueront également les chevaux qui existeront, & les signaleront dans chacune de leurs revues, desquelles ils adresseront une copie au Secrétaire d'État ayant le département de la guerre, & une autre à l'Intendant de la province, ainsi qu'un extrait au Trésorier général des Maréchaussées en exercice, auquel ils joindront les extraits mortuaires, qu'ils se feront délivrer en bonne forme, des Officiers & Cavaliers qui seront morts.

Présens & absens distingués.

Chevaux signalés.

I 3.

LES Prevôts généraux, Lieutenans, Commandans de Brigade & Cavaliers, ne pourront sortir de la généralité où ils seront en résidence, sans un congé de la Cour, qui sera demandé par les Prevôts généraux, lesquels pourront néanmoins permettre aux Officiers & Cavaliers de leurs compagnies, de s'absenter de leurs districts pour vaquer à leurs affaires, dans l'étendue desdites généralités; ce dont ils informeront le Secrétaire d'État ayant le département de la guerre, ainsi que le Commandant de la province.

Congés.

I 4.

IL sera fait tous les ans une revue d'inspection de chacune des compagnies de Maréchaussée, département par département, & les Inspecteurs se rendront à cet effet dans les généralités qui leur auront été désignées, pour passer en revue les Prevôts généraux, leurs Lieutenans, les Exempts, Brigadiers, Sous-brigadiers & Cavaliers; ils seront accompagnés dans leur inspection par chaque Prevôt général, dans l'étendue de son département, & ils adresseront un double de leurs

Revues des Inspecteurs.

revues aux sieurs Maréchaux de France, & un autre au Secrétaire d'État ayant le département de la guerre; le tout conformément aux instructions qui leur seront expédiées chaque année.

1 5.

Les Inspecteurs choisis parmi les Prevôts généraux.

VEUT Sa Majesté que les Inspecteurs continuent d'être choisis parmi les Prevôts généraux; & afin qu'ils puissent donner les soins nécessaires pour faire leurs revues avec toute l'attention & l'exactitude qu'elle attend d'eux, ils se démettront de leur charge de Prevôt général, aussitôt qu'ils auront été nommés Inspecteurs; se réservant au surplus Sa Majesté de fixer les appointemens desdits Inspecteurs.

1 6.

Les Maréchaussées ne seront détournées de leurs fonctions, sous aucun prétexte.

SA MAJESTÉ voulant que les Maréchaussées ne soient occupées que du soin de remplir les différens points de leur service, défend qu'elles en soient détournées pour quelque cause que ce puisse être; & leur enjoint de s'abstenir dorénavant de faire aucun commerce, ni d'exercer aucune profession ou métier: Veut pareillement qu'elles soient tenues de se porter par-tout où le maintien du bon ordre & de la tranquillité publique exigera leur

Ordres à exécuter.

présence, & d'exécuter tous les ordres de Sa Majesté qui leur seront notifiés; comme aussi de se conformer aux ordres des Gouverneurs & Commandans dans les provinces.

1 7.

Autres ordres; Requisitions auxquels elles seront tenues de déférer.

LES Maréchaussées exécuteront pareillement les ordres des Premiers Présidens & Procureurs généraux, pour ce qui concerne le bien de la Justice & de la Police générale, conformément à l'arrêt du Conseil du 8 janvier 1724; de même que ce qui leur sera prescrit, au nom & pour le service de Sa Majesté, par les Intendans des provinces & généralités, ainsi que toutes les requisitions qui leur seront données par écrit de la part des Juges, pour main-forte & exécution de leurs décrets & sentences.

7

18.

LES Maréchauffées rendront des honneurs au Roi, à la Reine, à la Famille royale, aux Princes du Sang & légitimés de France, & aux Maréchaux de France.

19.

IL en fera également rendu à Monf. le Chancelier, conformément à l'arrêt du Confeil du 7 janvier 1760, ainfi qu'aux Miniftres & Secrétaires d'État, fur les ordres & l'avis qui en feront donnés par le Secrétaire d'État ayant le département de la guerre.

20.

LE jour de l'entrée & réception des Gouverneurs, Lieutenans généraux & Commandans dans les provinces, les Prevôts généraux monteront à cheval à la tête des brigades établies dans les villes où fe feront lefdites entrée & réception; & lors de leurs vifites dans les provinces de leur commandement, les brigades qui feront établies à portée de leur route monteront à cheval pour fe trouver fur leur paffage, & leur rendre les honneurs.

Honneurs à rendre.

21.

LORS de la rentrée des Cours & autres cérémonies publiques, le Prevôt général, où, en fon abfence, l'Officier qui commandera, fera trouver auxdites cérémonies, à l'heure qui lui fera indiquée par le Premier Préfident, ou celui qui préfidera la compagnie, les brigades établies dans les villes où réfident lefdites Cours, afin d'obvier à tous défordres, lequel détachement fera aux ordres d'un Lieutenant lorfqu'il en réfidera dans lefdites villes, le tout conformément à l'arrêt du Confeil du 8 janvier 1724.

Devoir des Maréchauffées lors de la rentrée des Cours.

22.

LORS des tournées des Intendans & Commiffaires départis dans les généralités, pour la répartition des Impôts, les brigades établies dans les villes où ils féjourneront, monteront à cheval pour fe trouver fur leur paffage, le jour de leur départ defdites villes, à l'heure qui leur fera donnée par lefdits Intendans.

Ce qu'elles auront à faire lors des tournées des Intendans.

A iiij

23.

SA MAJESTÉ étant informée de l'impoſſibilité où ſe trouvent les Maréchauſſées, de remplir les différentes parties de leur ſervice, à cauſe des frais qu'elles leur occaſionnent, & auxquels leurs appointemens ne peuvent ſuffire; étant cependant de la plus grande importance qu'aucun des objets qui intéreſſent la ſûreté & la tranquillité publique de ſon royaume ne ſoit négligé; & voulant procurer à ſes ſujets tous les ſecours qu'ils doivent attendre des Maréchauſſées, Sa Majeſté a jugé à propos d'augmenter le traitement des Officiers & Cavaliers, afin de leur faciliter les moyens de remplir toutes leurs fonctions avec la plus grande exactitude.

24.

Appointemens

EN conſéquence, Sa Majeſté a réglé aux Officiers & Cavaliers de Maréchauſſée, les gages, appointemens & ſolde ci-après; ſavoir,

OFFICIERS SUPÉRIEURS.

Aux Prevôts généraux, dont la finance des charges eſt de quarante mille livres, douze cents livres de gages & deux mille huit cents livres d'appointemens par an . . . . 4000.

des Prevôts généraux.

Aux Prevôts généraux, dont la finance des charges eſt de trente mille livres, neuf cents livres de gages & deux mille cent livres d'appointemens par an . . . . 3000.

Des Lieutenans.

Aux Lieutenans, dont la finance des charges eſt de quinze mille livres, quatre cents cinquante livres de gages & mille cinquante livres d'appointemens par an . . . . 1500.

COMMANDANS DE BRIGADE ET CAVALIERS.

Des Commandans de brigade & Cavaliers.

	Par jour.	Par mois.	Par an.
Aux Exempts.	25.f	37.l 10.f	450.l
Aux Brigadiers.	20.	30. //	360.
Aux Sous-brigadiers	18.	27. //	324.
Aux Cavaliers.	15.	22. 10.	270.

Indépendamment de ces appointemens, Sa Majesté accorde pour l'entretien du cheval & des équipages; savoir,

Aux Exempts, trente livres; & aux Brigadiers, Sous-brigadiers & Cavaliers, chacun vingt livres, qui leur seront payées en même temps que la solde.

Quant aux Trompettes, il ne sera rien innové à leur traitement, qui demeurera fixé en tout à cinq cents livres.

25.

LE fourrage sera payé aux Commandans de brigade & Cavaliers, d'après l'estimation qui en sera faite tous les ans, dans les lieux de leur résidence, sur le pied d'une ration par jour pour chaque cheval, laquelle ration sera composée de quinze livres de foin, cinq livres de paille & huit livres d'avoine, ou les deux tiers du boisseau de Paris : Sa Majesté fera également payer le fourrage aux Prevôts généraux & Lieutenans, à raison de cinq cents livres par an pour chaque Prevôt général, & de deux cents cinquante livres pour chaque Lieutenant.

26.

VEUT aussi Sa Majesté que le logement soit fourni aux Commandans de brigade & Cavaliers, de même que les écuries pour leurs chevaux, & les greniers pour les fourrages, ainsi qu'il en est usé pour toutes les Troupes qui sont en quartiers ou en garnison dans les provinces; & qu'il soit payé par an par lesdites provinces, pour tenir lieu de logement; à chaque Prevôt général, cinq cents livres; & à chaque Lieutenant, deux cents cinquante livres. Veut pareillement Sa Majesté, que dans les résidences, où au lieu du logement chez les habitans, il sera fourni une caserne, elle soit composée d'un nombre de chambres suffisant pour loger les Commandant & Cavaliers; d'écuries assez vastes pour contenir deux chevaux de plus que ceux de la brigade, pour les Cavaliers étrangers ; & de greniers pour la provision de fourrage, au moins d'une année.

27.

INDÉPENDAMMENT des appointemens qui ont été réglés par l'article 24 , aux Exempts , Brigadiers ,

A v

Sous-brigadiers & Cavaliers, il fera établi deux Maſſes ; l'une pour l'habillement , & l'autre pour la remonte deſdits Officiers & Cavaliers, à raiſon ; ſavoir,

Pour les Exempts, de quatre-vingts livres pour l'habillement, & de trente-cinq livres pour la remonte, ci...................... 115ˡ

Pour les Brigadiers, de ſoixante livres pour l'habillement, & de trente livres pour la remonte, ci...................... 90.

Pour les Sous-brigadiers, de quarante-huit livres pour l'habille-ment, & de trente livres pour la remonte, ci................ 78.

Et pour les Cavaliers, de quarante livres pour l'habillement, & de trente livres pour la remonte, ci.................... 70.

Veut Sa Majeſté que les fonds deſdites Maſſes, ſoient toujours payés ſur le pied complet, à commencer du 1.ᵉʳ janvier 1770, & qu'ils reſtent entre les mains des Tréſoriers généraux des Maréchauſſées, afin d'être employés par eux ſuivant les ordonnances qui ſeront expédiées à cet effet par le Secrétaire d'État ayant le département de la guerre.

28.

Défenſes de ſe défaire des chevaux ſans permiſſion.

Au moyen de la Maſſe qui ſera établie au 1.ᵉʳ janvier 1770 , pour la remonte des Exempts , Brigadiers , Sous - brigadiers & Cavaliers, il leur eſt expreſſément défendu de ſe défaire de leurs chevaux, ſous quelque prétexte que ce puiſſe être , ſans une permiſſion du Secrétaire d'État ayant le département de la guerre: comme auſſi veut Sa Majeſté, que leſdits Exempts , Brigadiers, Sous-brigadiers & Cavaliers, qui, lors de la publication de la préſente ordonnance , ſe trouveront démontés, aient à ſe pourvoir à leurs frais de chevaux, ſous peine d'être privés de leurs emplois; voulant Sa Majeſté que les fonds de la Maſſe ne ſoient employés au payement des chevaux, qu'à compter du 1.ᵉʳ juillet 1770.

29.

Remplacement des chevaux ; Prix de leurs achats conſtatés.

Les Prevôts généraux veilleront à ce que les chevaux qui viendront à manquer dans leurs compagnies, ſoient inceſſamment remplacés ; ils ordonneront en conſéquence

aux Commandans de brigade & Cavaliers qui seront
démontés, de se pourvoir sans délai de chevaux & de
les présenter au Lieutenant de leur département, pour
qu'il les examine & en donne son certificat de réception,
dans lequel il sera fait mention du signalement, ainsi que
du prix desdits chevaux, qui sera constaté par un écrit
signé, tant desdits Commandans & Cavaliers, que de ceux
de qui ils les auront achetés; lesquels certificats seront
envoyés par le Lieutenant au Prevôt général, afin qu'il
fasse délivrer sur ses mandemens, par le Trésorier des
Maréchaussées, la moitié de la somme convenue; le restant
devant être acquitté sur les ordres du Secrétaire d'État
ayant le département de la guerre, d'après les comptes
rendus par lesdits Prevôts généraux.

3 0.

IL ne sera reçu aucun cheval au-dessous de quatre ans
ni au-dessus de huit, & ils seront de la taille des chevaux
de Dragons: ordonnant Sa Majesté aux Prevôts généraux
& Lieutenans, d'y tenir la main avec la plus grande
exactitude; les Inspecteurs seront seuls autorisés à réformer
les chevaux. *Âge & taille des chevaux.*

3 I.

LA Masse établie pour la remonte des chevaux, ayant
pour objet de mettre en réserve les sommes que les
Commandans de brigade & Cavaliers auroient dû ménager
tous les ans sur leurs appointemens, pour pourvoir au
remplacement de leurs chevaux; entend Sa Majesté, que
lorsque l'un d'eux viendra à perdre son cheval, soit par
mort, soit par réforme, il supplée de ses deniers, ou
par une retenue qui sera faite sur ses appointemens, à
ce qui manquera à sa masse de remonte pour payer son
nouveau cheval. Sa Majesté voudra bien au surplus accorder
en gratification à ceux desdits Commandans de brigade
& Cavaliers qui auront conservé leurs chevaux dix années,
l'excédant de leur Masse, à compter de ce terme. *Comment payés par la Masse des remontes.* *Gratifications à ceux qui les conserveront.*

3 2.

L'A C H A T des fourrages fe fera tous les ans en commun, par le Commandant & les Cavaliers des brigades, dans la faifon convenable à cet approvifionne-ment; & chaque Commandant formera pour lors un état détaillé du prix du foin, de la paille & de l'avoine, dont il fera trois copies qui feront fignées de lui & de fes Cavaliers, & qu'il fera enfuite vifer par le Subdélégué, le Maire ou le Syndic; il en enverra une au Lieutenant de fon département, & les deux autres au Prevôt général, qui, après s'être affuré de la fourniture des fourrages, en fera payer comptant la moitié du prix par le Tréforier des Maréchauffés dans fa généralité, fur fes mandemens, & adreffera au Secrétaire d'État ayant le département de la guerre, un des états qui lui auront été envoyés par les Commandans de brigade, lefquels feront tous certifiés par lui, afin qu'il foit donné des ordres pour l'entier payement de ces fourrages.

3 3.

VEUT Sa Majefté que les Officiers & Cavaliers jouiffent de leur nouveau traitement, & que le logement & le fourrage foient fournis à compter du 1.er Janvier prochain, d'après les revues des Commiffaires des guerres.

34.

LES deux cents brigades, dont Sa Majefté a ordonné l'augmentation, feront établies à compter du 1.er Janvier 1770, diftribuées dans les provinces & généralités, & incorporées dans les compagnies de Maré-chauffée, conformément aux états que Sa Majefté fe propofe d'arrêter d'après l'étendue des départemens def-dites compagnies.

3 5.

SA MAJESTÉ voulant, indépendamment de cette augmentation, multiplier encore les réfidences des

Maréchauffées, afin qu'elles puiffent fe porter avec la plus grande promptitude dans tous les endroits où il fera queftion de rétablir la fûreté & la tranquillité publique, ou d'empêcher qu'il ne fe commette des défordres, ordonne que, pour remplir ces objets & faciliter la communication que lefdites Maréchauffées doivent avoir entr'elles, les brigades qui avoient toutes été compofées jufqu'à préfent d'un Commandant & de quatre Cavaliers, auront, à compter du 1.er Janvier 1770, une compofition différente, en forte que celles commandées par des Exempts feront de quatre Cavaliers, celles des Brigadiers de trois, & celles des Sous - brigadiers de deux.

Brigades de cinq, de quatre & de trois hommes.

36.

Il fera formé à chacune de ces brigades, des diftricts proportionnés au nombre d'hommes dont elles feront compofées ; elles entretiendront une correfpondance continuelle entr'elles, & il fera inceffamment établi par les Prevôts généraux, chacun dans leur département, des endroits, pour fervir de rendez-vous aux correfpondances, & auxquels les Commandans & Cavaliers feront tenus de fe rendre au moins une fois par femaine, à l'effet de fe communiquer les objets intéreffans de leur fervice.

Formation de leurs diftricts, correfpondances entr'elles.

37.

Les brigades ainfi compofées, étant diftribuées dans un plus grand nombre de réfidences, Sa Majefté entend que les tournées journalières fe faffent avec la plus grande exactitude, tant dans les paroiffes, que fur les grands chemins & routes de traverfe, & qu'elles s'informent exactement de tous les objets qui peuvent intéreffer le bon ordre & la tranquillité publique. Ordonne en même temps Sa Majefté aux Commandans & Cavaliers, de dreffer des procès-verbaux de tous les faits qui auront rapport à ces objets, & qui parviendront à leur connoiffance; de les dépofer aux Greffes de leur département, & de fe faire donner des certificats par les Maires & Syndics, afin de juftifier de leur fervice, dont il fera rendu compte par le Lieutenant au Prevôt général, qui en

Tournées journalières; procès-verbaux en conféquence.

informera tous les mois le Secrétaire d'État ayant le département de la guerre, ainſi que de l'exactitude des brigades à entretenir leurs correſpondances.

38.

Brigades à raſſembler; par qui commandées.

DANS les circonſtances où le ſervice exigera le concours de pluſieurs brigades, le Prevôt général ou ſon Lieutenant, feront aſſembler celles qui ſeront néceſſaires pour réprimer les déſordres; dans les cas preſſans & de flagrant délit, le Commandant de la brigade dans le diſtrict de laquelle ils auront lieu, pourra requerir l'aſſiſtance des brigades voiſines, leſquelles ſeront tenues de ſe rendre ſur le champ aux lieux qui leur ſeront indiqués; les brigades aſſemblées feront aux ordres du Commandant ſupérieur en grade, ou plus ancien de commiſſion, lequel répondra de leur ſervice vis-à-vis du Prevôt général & de ſon Lieutenant.

39.

Eſcortes & conduites.

LES eſcortes & conduites feront relevées de brigade en brigade, & les Commandans, ainſi que les Cavaliers qui en ſeront chargés, en répondront; ils ſe donneront en conſéquence réciproquement des certificats de la remiſe qui leur aura été faite.

40.

Uniforme.

L'HABIT ſera de drap bleu, collet de même couleur, revers & paremens de drap écarlate, doublure de ſerge ou cadis rouge; chaque revers ſera garni de ſix agrémens en galon d'argent, de ſix lignes de large, chaque parement de trois & le deſſous des revers de chaque côté de l'habit, de deux.

Il y aura ſur chaque habit dix-huit gros boutons argentés, de forme plate, & douze petits, dont ſix à chaque côté du revers: les poches ſeront en travers; l'épaulette ſera d'un galon d'argent de douze lignes.

La veſte ſera en drap couleur de chamois, doublée de ſerge ou cadis blanc, & garnie de ſeize petits boutons; les poches ouvertes, ſans patte, & fermées avec un bouton au milieu.

Surtout.

Le ſurtout ſera également de drap bleu, parement de même couleur, avec un petit collet montant, poches en travers, & garni de gros boutons plats pareils à ceux de l'habit; les paremens & le collet ſeront bordés d'un galon d'argent de ſix lignes, & l'épaulette fera en galon d'argent de douze lignes ; la vefte en forme de gillet fera de drap chamois.

Le manteau fera de drap bleu, parementé de ferge ou de cadis rouge.

Le chapeau bordé d'un galon d'argent de vingt lignes de large, cocarde de bafin blanc.

Cravate de velours de coton noir à boucle.

Les cheveux feront liés en queue avec une rofette noire.

Indépendamment des fournitures ci-deffus, que Sa Majefté fera délivrer fur le fonds de la Maffe de l'habillement, les Cavaliers feront tenus de fe fournir à leurs frais d'une culotte de peau de dain, d'une paire de gants chamois, & de manchettes de bottes de toile blanche avec cinq boutonnières.

La bandoulière fera de buffle jaune, de trois pouces & demi de large, & de quatre pieds fix pouces de long, bordée de chaque côté d'un galon d'argent de quinze lignes de large, & les deux bouts feront garnis de plaques de fer poli, auquel fera attaché le porte-moufqueton.

Le ceinturon de buffle jaune, de quatre pieds de long & de trente lignes de large, garni d'une plaque en métal blanc pour couvrir l'agraffe ; il y fera ajouté un pendant de buffle pour porter la bayonnette ; les deux petites courroies qui portent le fabre feront de quinze lignes de large avec chacune une petite boucle de cuivre carrée ; le ceinturon fans bordé fera porté fur la vefte.

Le cordon de fabre, en fil blanc, fera à un feul gland.

Les Cavaliers s'entretiendront de bottes molles de cuir de veau fort, dont la genouillère fera de même cuir formée par la longueur de la tige.

Les Cavaliers feront armés d'un moufqueton & d'une bayonnette ; d'une paire de piftolets de neuf pouces de longueur feulement, afin qu'ils puiffent leur fervir en même-temps de piftolets de poches, & d'un fabre à garde de cuivre, couvert de deux branches.

La houffe fera de drap bleu, bordée d'un galon de fil blanc de quinze lignes de large ; les chaperons à calotte de même drap, feront bordés d'un galon pareil, & doublés d'un cuir de veau, afin qu'en retournant les chaperons ils puiffent couvrir les piftolets.

Les fontes en cuir rouge de la longueur & proportion des piftolets.

Les boffettes de cuivre.

Chaque Cavalier aura un porte-cartouche percé de neuf coups, de forme concave, qui fera attaché au-devant de la fonte droite des piftolets.

Le ruban pour la queue du cheval fera en laine écarlate.

Partie dudit équipage, aux frais des Cavaliers. Outre les objets ci-deſſus, que Sa Majeſté fera fournir, les Cavaliers fe pourvoiront, à leurs frais, d'une felle, qui fera de cuir noir à quartiers carrés, & d'une bride & bridon, pareillement de cuir noir.

Diſtinction des grades. L'habit du Sous-brigadier fera le même que celui du Cavalier; il fera de plus garni à chacune des poches de trois agrémens femblables à ceux des revers, d'un petit écuſſon en galon au bas de la taille par-derrière, & les paremens feront bordés d'un galon de fix lignes.

Le furtout fera auſſi comme celui du Cavalier, & aura un galon d'argent de douze lignes de large fur les paremens.

Le Brigadier aura deux galons de fix lignes fur chacun des paremens de l'habit, & deux de douze lignes fur le furtout.

L'habit de l'Exempt fera en drap d'Elbeuf, & aura les mêmes agrémens que celui du Brigadier; il fera de plus bordé en plein d'un galon de fix lignes, ainſi que les revers, le tour & le deſſous de la patte des poches, les paremens & le collet.

La veſte bordée d'un pareil galon, fera de drap d'Elbeuf, couleur de chamois, ainſi que la culotte.

Le furtout pareillement en drap d'Elbeuf, fera bordé d'un galon de fix lignes.

L'habit du Lieutenant aura le même nombre d'agrémens que celui des Exempts: mais le bordé des revers & des agrémens fera d'un galon de fix lignes, à crête d'un côté, ainſi que celui du collet; & le furplus de l'habit fera bordé d'un galon d'un pouce de large, pareillement à crête d'un côté.

La veſte en drap couleur de chamois, fera bordée d'un pareil galon.

Le furtout & la feconde veſte feront bordés d'un galon de douze lignes, fans crête.

L'habit du Prevôt général fera de même que celui du Lieutenant quant aux revers, paremens & collet; & le furplus fera galonné à la Bourgogne, au moyen d'un bordé de fix lignes, à crête d'un côté, & d'un galon d'un pouce à crête des deux côtés.

La veſte fera galonnée à la Bourgogne comme l'habit.

Le furtout fera galonné en plein à la Bourgogne, avec un bordé de fix lignes & un galon d'un pouce, fans crête; la feconde vefte fera galonnée de même.

Les Prevôts généraux porteront à gauche une épaulette ornée de franges à graines d'épinars, comme les Lieutenans-colonels de Cavalerie.

Les Lieutenans, une épaulette à franges, fans graines d'épinars, comme les Capitaines.

Les Exempts, une épaulette, fond argent, lofangée de foie écarlate, comme les Lieutenans.

Les Brigadiers & Sous-brigadiers la porteront en foie écarlate liférée d'argent.

Les cordons de fabre, à un feul gland, feront conformes aux épaulettes affectées à chaque grade.

Le ceinturon des Prevôts généraux, des Lieutenans & des Exempts, fera bordé de deux galons de fix lignes de large chacun, de même deffin que celui de leur habit.

La houffe & les chaperons à calotte, des Exempts, feront bordés d'un galon d'argent d'un pouce de large, du même deffin que celui de l'habit.

Ceux du Lieutenant, d'un galon de dix-huit lignes de large, à crête d'un côté comme celui de l'habit.

Et ceux du Prevôt général, feront galonnés à la Bourgogne d'un bordé d'un pouce de large, à crête d'un côté ; & d'un galon de deux pouces, à crête des deux côtés, pareillement du deffin de ceux de l'habit.

Les Prevôts généraux, Lieutenans & Exempts, feront armés d'un fabre à garde de cuivre doré; & de deux piftolets de la même longueur que ceux des Cavaliers.

Les Brigadiers & Sous-brigadiers auront un fabre & des piftolets femblables à ceux des Cavaliers.

Seront tenus au furplus lefdits Exempts, Brigadiers & Sous-brigadiers, de s'entretenir à leurs frais de culottes uniformes, de gants, bottes molles, manchettes de bottes, felles, brides & bridons, le tout ainfi qu'il eft réglé pour les Cavaliers, Sa Majefté n'entendant pas faire fournir ces objets.

Les Commandans de brigade tenus de fe fournir des mêmes parties d'habillement, &c. que les Cavaliers.

L'uniforme des Infpecteurs fera brodé en argent, d'un deffin qui imitera les agrémens & les bordé & galon de l'habit des Prevôts généraux ; ils porteront les épaulettes affectées au grade dont ils auront le brevet.

Uniforme des Infpecteurs.

SA MAJESTÉ défend très-expreffément aux Prevôts

*Défenses
de rien changer
à l'uniforme.*

généraux, de faire le moindre changement à l'uniforme qu'Elle leur a ci-deſſus réglé, & de ſouffrir qu'il en ſoit fait aucun par les Lieutenans, Exempts, Brigadiers, Sous-brigadiers & Cavaliers, tant à leur habillement qu'à leur équipement, armement & équipage de leurs chevaux; voulant Sa Majeſté que les Inſpecteurs généraux y veillent avec la plus grande attention, & rendent compte au Se-crétaire d'État ayant le département de la guerre, des innovations qui pourroient avoir lieu à cet égard.

41.

VEUT au ſurplus Sa Majeſté, que les Officiers & Cavaliers de Maréchauſſée, ſe conforment exactement aux édits, déclarations & règlemens concernant leurs fonctions, en tout ce qui n'eſt pas contraire à la pré-ſente ordonnance.

MANDE & ordonne Sa Majeſté aux ſieurs Maréchaux de France, à ſes Gouverneurs, Lieutenans généraux ou Commandans dans les provinces du royaume, aux Inſ-pecteurs généraux, Colonels & Commandans de ſes Troupes, aux Intendans & Commiſſaires départis dans leſdites provinces, aux Commiſſaires des guerres & à tous ſes Officiers qu'il appartiendra, de tenir, chacun en ce qui les concerne, la main à l'exacte obſervation & exécution de la préſente ordonnance, laquelle Sa Majeſté veut être lûe & publiée à la tête des compagnies de Maréchauſſée lors de la première revue des Inſpecteurs, à ce que perſonne n'en puiſſe prétendre cauſe d'ignorance. FAIT à Verſailles le vingt-ſept décembre mil ſept cent ſoixante-neuf. *Signé* LOUIS. *Et plus bas,* LE DUC DE CHOISEUL.

A PARIS, DE L'IMPRIMERIE ROYALE. 1770.